JN440754

구름 따라 가는 길

이원문
제28집

구름 따라 가는 길

이원문 지음

책나무

| 차례 |

제3부

제4부

제1부

사진의 눈물

지나간 세월에
빛바랜 시간들
그 시간만큼이나 바랜
흑백 사진 한 장이
나를 울린다
다시 돌아올 수 없는 시간들이

이제 나를 찾아
때때옷 입혀
새우젓 도시락이 아닌
고기반찬 도시락 쌓아
소풍도 보내 주고
바늘이 지나간 누더기 벗겨
새 옷으로 입힌 다음

아이들과 어울려라
위아래 주머니에 사탕 과자를
가득 채워 주고 싶다
뻐꾹새 울먹이는
아카시아 꽃 날리는 날에

차장(안내양)의 오월

첫차에서 막차까지
얼마나 피곤했나
보따리 든 아주머니에
엄마 생각 떠오르고
가방 든 학생 보면

어린 동생들이
생각나지 않았나

콩나물시루의 버스 안
거스름돈에 시비 벌어지고
쏟아지는 피로를
눈 뜬 졸음으로 풀어야 했던 날
밀어넣고 오라이 스톱
내려놓고 오라이
스톱
버스 옆 두드리며 고향을 그린다

뻐꾸기의 슬픔

아카시아
네 꽃이 날리던 날에
작은 너의 울음
너무 슬펐지
먼 하늘 한 조각구름은
산을 넘었고

네 울던 날
이 보리밭에 묻은 꿈
나 아직 못 잊겠어
허기에 바라보던
냇둑가 찔레꽃
그리움처럼

클로버의 사랑

네 잎에 꿈 묻은
잔디밭의 사랑
꽃반지 끼워주며
네 가지를 맹세했다

파란 하늘 보며
첫 번째 맹세
그다음 못 믿어
두 번째 맹세

나머지 세 번째
눈빛으로 굳은 맹세
하나 더 손잡고
영원하자 맹세했다

고향 그리워

파란 하늘에 조각구름 산 넘으면
들녘을 지나는 바람 산에 올랐지
눕는 갈잎마다 은빛으로 물들었고
허공을 젓는 제비는 무엇이 그리도 좋은지
높이 더 높이 날아올라
늘 보아도 신기하기만 했고

길거리 언덕배기의 그 흔한 꽃
그때는 왜 관심이 없었나
이제 그리움에 피어나 보고 싶어라
잃어버린 이름의 크고 작은 그 꽃들
찔레 순 숨겨놓은 냇둑의 하얀 찔레꽃
지금도 그렇게 곱게 피었겠지

냇둑 나무 위 새소리에 귀 기우려 올려 보면
입에 먹이 물고 무엇을 생각하는지
내 눈과 눈 마주쳐 어디론가 날아가고
지금도 들린다 소 모는 소리
아이들 모여 떠드는 소리
그 흐드러지게 핀 들꽃도 보고 싶어라

그 배

왕 소나무 껍질 떼어
배 만들던 기억
지금도 그 기억
못 잊겠어요

등잔불에 코 그을리며
책보자기 펴놓은 다음
쪽 칼로 긁어
싸리 돛대 만들고

찾아갈 연못에
누가 있지 않을까
보릿고개에 띄운 배
아직도 떠다녀요

오월을 보내며

나뭇가지의 움
커다란 잎 되고
바라보던 봄의 꽃
찔레꽃까지 지고나니
이제 더워야 할
여름이 온 것인가

날리는 아카시아 꽃에
봄을 모두 실려 보내는 마음
다시 봄이 그립고
지는 봄꽃 아쉽다

다가올 여름은 밤꽃으로
열어야 하는 것인지
언덕배기 푸서리에
이름 모를 여름 꽃 피어나고
뜨락에는 채송화 봉숭아꽃
곱게 피겠지 장독대에 과꽃도

효도

인생 허무하다
허망하도다
끌리고 뭉치는 몸
인기척에 방문 열어보니
사람은 없고 앞산만 보이는구나
저 산에 쌓였던 눈 다 어데 갔나
푸르름에 귀먹어도 뻐꾸기 울음 들리고
숨 한번 들이쉬려 뒷문 밀으니
파란 허공에 아무것도 없다
구름이라도 흐르면 구름구경 할 것인데
없는 하늘 바라보니 처량하구나
저 하늘 허공처럼 이 마음은 못 비우는 것인가
이 늙은이 구경났나 새 한 마리 내려보고
빠꿈이 쳐다보며 깃털을 날린다
이 늙은 몸 지나온 세월도 저런 깃털이 있을 것인데
이제 늙었다 내릴 깃털 없고 저 새털 듯 털 것도 없다
이 늙은 몸 빌어 생겨난 자식들 잘난 놈 못난 놈
이 에미 생각 한 번이라도 하고 있는지
먼 자식은 그렇다해도 가까운 자식도 찾지 않는구나
이 늙은이 냄새난다 너희들 에미 품 안에서도 냄새났나
새 새끼 쳐나가듯 법이 무서워 명절 때나 찾는 놈들

그래도 제 새끼는 귀엽다 물고 빨고
제 새끼 열 번 보면 이 늙은이 한 번이라도 볼 것이지
어찌 때나 돼야 볍 무서워 찾아오나
까치 짖어 내다보고 개 짖어 내다보고
먹은 귀에 안 들려도 그 소리는 들릴 것만
먼동이 하루고 지는 해 무섭구나
쇠심줄 같이 끊어지지 않는 목숨
까마귀 한 번 더 울면 끊어질 것인데

현충일

조국을 위해 피 흘린 임이시여

지켜준 산하에는 오늘도 꽃 피는데

잠이든 임의 꽃들은 언제 핀단 말입니까

청춘에 몸 바쳐 나라 위한 희생

아직도 그 총소리 메아리에 들리는 듯

반세기 넘어도 포성 소리 멎지 않고

38선의 담은 왜 높아만 가야 한단 말입니까

안으로 밖으로 외침에 서럽던 민족

그것도 못 다하여 형제 싸움에 피 흘리고

다시 또 싸우며 험한 역사를 만들어야 한단 말입니까

갈려진 남과 북에 낙동강에 어머니 피 압록강에 아버지의 피

핏빛으로 흐르던 물 씻긴 줄 알았는데

반세기의 씻긴 피 그 씻긴 피가 어찌 다시 서해를 얼룩지게 만든단 말입니까

이름 없이 잠든 임이시여

비석의 이름으로 잠든 임이시여

찾아오는 철새도 고향 찾아 날아들고

강산에 피는 꽃도 계절 따라 피는데

임의 그 목소리는 언제 다시 들어 본단 말입니까

통일의 문 두드리는 날 깨어나소서

통일의 문 열어지는 날 일어나소서

임이시여!

임이시여!

유월의 슬픔

낮은 가지의 새소리
뻐꾸기 울음 가슴을 녹인다
어찌 저 뻐꾸기의 울음은
멀고도 가까울까

풀 잎새 입에 물고
흔들리는 마음
고향을 떠나야 하나
이대로 살아야 하나

가난의 갈등에
옛 생각에 서럽고
노을 진 보릿고개에
뻐꾸기 울음 멀어져간다

유월의 고향

중천의 해 언제 기우나

울 밑 앵두나무에

아이들 숨어 있고

언니 엄마 할머니

새참 내간다

그 시절

술 많이 드시는

우리 아버지는

월급 전

가불해라

언니 공장에

찾아갔다

유월의 들녘

저 넓은 들녘
저 들녘 흙 속에
생명이 숨 쉰다
어느 흙 한 자리에
우리의 손 안 닿은 곳이
어디에 있겠나

뜸 북새 우는
무더운 여름날
원두막 부채질로
가을바람 불어주면
매미 울음에 잠들다
황금물결 이루겠지
허수아비 일어나
참새 떼 쫓아주고

동생의 앵두

소쩍새 울음에
앵두꽃 수줍고
밤꽃 피던 날
그 앵두 붉기를
얼마나 기다렸나

담 넘어 우물 둥치
소쿠리안의 앵두
이웃 동생의 앵두는
탐스러웠다

냉정한 세상

작은 풀 잎새 하나

그 바람은 그냥 두지 않았다

모퉁이일수록 더 흔들어댔다

그렇다고 그 바람이

큰 바람도 아니고

우리가 못 느끼는

작은 바람이었다

밤꽃

앵두 붉히는 밤꽃 향기

그 향기 새벽녘

문틈으로 스며든다

수기(手記)

돌 뿌리에 차이는

비탈진 인생

길거리에 내몰리니

첫 서리에 얼어붙고

손 꼽아본 지난 세월

이것이 인생인가

씻긴 일 못 씻은 일

가슴에 묻고

나 홀로 쓸쓸히

석양을 바라본다

보리타작

들기름 내음
집안에 가득하고
밀떡 부치는 할머니
막내 손주 부른다

먼저 듣고 달려온
큰 손주의 기웃거림
지은 죄에 눈치 보며
혹시나 불러줄까

할머니에게 말 못하고
친한 척 응석 한다
그것도 안 통하니
애교 부리고

할머니 못 본 척
막내만 부르니
뺀질이 큰 손주 놈
할머니 마음을 어떻게 돌리나

웃음 참는 할머니
요놈이 또 놀릴까

불러도 못 들은 척
타작마당으로 내려간다

댑싸리의 밤

대문 열고
호야 등불 내걸면
큰 나방 작은 나방
땅강아지 모여들고
불구경의 하루살이
넋이 나가 떨어지나
먼 들녘 유화 등
도깨비불 되어 무섭다

마당 끝 댑싸리엔
누가 꼭꼭 숨었나
이웃 꼬마 아이들
숨바꼭질 놀이 하고
따라온 검둥개
아이들 찾는다

보슬비

먼 산 뿌연히
안개에 가리고
가까이 창 넘어
보슬비 내린다

무언가 뗄 수 없이
바라보는 눈
낙숫물 소리에
온갖 마음 녹아내리고

눈길 떼려는
한 마리의 풀벌레
풀 잎새 건너뛰며
부지런히 기어간다

제2부

운명

흔히 말하기를 운명은 내가 만들어 간다하지요
그 운명 뒤에는 무엇이 있을까요
팔자로 타고난 성격 모습 외모 마음 건강이 있지 않을까요
이 모두는 내가 만들지 않았습니다
만들어져 있기에 다스려 가는 것 뿐이지요
주어진 삶에 판단도 내가 내렸을까요
타고난 성격과 마음이 내렸겠지요
내린 그 길에 디딘 발은 성격과 마음이 가자하는 대로 디뎠고요
이것이 바로 팔자의 그림자인 운명이 아닐까요
길고도 짧은 알 수 없는 길이고요
그 길에 불행과 행복은 마음이라는 그릇에 담겨져 있고요

추억에 머문 시간

혼자만의 기다림으로

약속했던 날

그 자리의 꽃은

지금도 피고 있는지

먼 훗날 행복

밤하늘에 가득하고

은하수 길 따라

그리움 꽃 피어난다

그 슬픔

먼 산기슭 뻐꾹새 소리
메아리에 들리는 듯
고요한 다랑이 논
뜸북새 운다

바람에 실려 온
슬픈 아이의 그리움인가
먼 하늘 그리움
구름 따라 흘러가고

언덕배기에 핀 꽃이
아이 가슴에 필 꽃인 듯
한 움큼 쥔 산딸기
그 아이의 눈물 된다

경험에 의한 인생사는 법

저의 삶 앞에
수 없이 셀 수 없는 사람이
스쳐 갔습니다

그 중 기억에 있는
얼굴 몇 빼고는
모두 잊고 모릅니다

나누어 본다면

상처를 준 사람
사랑을 준 사람
이용을 한 사람
거짓을 한 사람
은혜를 준 사람
인연을 끊은 사람

혹간 길에서 스칠 때
모르는 체 지나가는 사람도 있습니다
이 모든 것을 알면서
혹은 모르면서 지내왔습니다

누구이든 내 앞길에
좋은 일만 있다고 보장 할 수 있을까요
생활에 고통은 그만두더라도
양약이든 한약이든
시달리는 병에 아주 간단한 약 몰라
목숨을 버릴 수도 있습니다

인연은 소중한 것
절대 적을 두는 삶이 되면 안됩니다
목적을 두고 그러는 것이 아니라

진실 된 마음으로
행동 하나 한마디의 말로
이웃과 만난 인연에게
상처를 주어서는 안됩니다

시어머니

어멈아

너 친정에 다녀 오거라

내 집 정리를 할 것이니

부르거든 그때나 오거라

그리고 아이는 두고 가거라

내 새 옷 입혀 울면

사탕 사서 입에 물려 줄 것이니

아일랑 걱정하지 말거라

원두막 아이들

상수리 숲 지나는 아이들

집게벌레 잡아 싸움시키고

누나는 옆에 앉아

여치 집을 만들었다

뽕밭

곁방 누에가
나를 기다리는 것인지
남은 세월이
기다리는 것인지

메아리에 들리는
뻐꾸기 울음
홀로의 세월
눈물로 덮는다

뽕잎 보따리에
무엇이 들어 있나
가지 잡아당기면
검은 오디 떨어지고

매달린 흰 오디
떨어질 줄 모른다
밤꽃 향기 내려앉는
뽕밭의 외로움

업힌 아이 늘어져
집에 가자 보채고

뽕밭 둑길 올라서니
노을 져간다

칠월 들녘

논과 밭의 저 들녘
손 안 간 곳이
어디에 있나
흙에 묻고 옮겨 심고
자라난 풀 뽑으니
손마디의 무럭무럭
하루가 다르다

벼 포기 사이로
논병아리 숨는 칠월
논두렁의 뜸북새
무엇을 생각하나
바람에 나부끼는
칠월의 들녘
참외밭 원두막에
시원한 바람 분다

외로운 뜨락

까말 개미 따라 간

뜨락의 그리움아

네 보고 싶은 봉숭아

너를 기다린다

두고 간 채송화

너의 소식 들으려나

헤아리는 별 보며

이슬에 젖는다

복중(伏中) 일기

바람이 아니 불어도
흔들리는 풀 잎새
나 모르는 바람이
어디에 또 있었나
아니면 세월이
숨어왔다 가는 것일까
귀먹어도 들리는
옥수수 잎 비벼지는 소리
나올 땀 없는 몸
매미 소리에 잠이 들고
깨어보니 툇마루 꿈
한순간 스쳐 간다

첫 눈물

회상의 그날들
흐르는 강물
노을을 부르고
철새 저 멀리
눈에서 멀어진다

이제 빛바랜 추억으로
아련히 떠오르는 기억들인가
뚜렷한 얼굴마저
세월에 흐려지고

남은 미련도
그리움 따라 가버렸다
그 아쉬움에 괴로워했던
첫사랑의 지난날들

아직 이 마음 어느 한 곳에서
울고 있지않는지
찾아간 곳마다 피던 꽃눈에 어리고
남기고 간 한 마디 가슴을 쓸어댄다

고향 집

어데서 올라왔나
마당 끝 미꾸라지
물 찾느라 퍼덕이고
앞 논 맹꽁이 소리
온갖 세월 다 녹인다

엉금엉금 두꺼비
어디로 가나
줄 긋는 지렁이
함께 따라나서고
짓궂은 닭 두꺼비 가로막는다

남편의 거짓

세상을 다 안겨줄 듯

남은 이야기 들려주지 않고

밤낮으로 물어 나르며

둥지 짓기에 바빴다

노을 진 사랑

사랑했던 옛날은
오늘도 찾는데
남기고 간 한마디는
어찌 멀리 있어야하는지

아쉬움에 돌아설 듯
서로 눈물짓던 날
아직 그날들이
정 하나의 꿈이었나

나는 바보처럼
미워하지 못하고
그날의 발자국만
파도가 휩쓸었지

외로운 추억

조개껍데기에 꿈 모아

백사장에 묻었던 날

흐려진 모습 찾아

여기에 왔어야 했나

모래성의 먼 훗날

파도가 휩쓸고

이름도 모습도

노을에 잠든다

여름 바람

마루 밑으로 불어
강아지 잠 재우고
외양간 누렁이 소
되새김질로 꾸뻑 존다

툇마루 밖 옥수수 잎 비벼지는 소리
만 가지 생각의 할머니
누런 부채 내려놓고
옷고름 푸니 꿈이 부른다

뜸북새 울음 들리는 듯
들녘을 스쳐 가니
벼 잎새 나부끼고
원두막 할아버지 풍년에 즐겁다

쫓겨나는 토종벌

찬바람 불어
움츠려야 했던 날
이듬해의 봄은
언제 찾아올 것인가
모은 꿀 바라보니
추워지기 전 떨어지고
그나마 모은 것도
이웃에게 빼앗긴다
절기에 피는 꽃이
어느 벌을 불렀나
불러도 찾지 않고
찾기 싫어 외면하고
이웃 벌 앉혀도
갓 만지는 토종벌
있는 꽃 빼앗기고
모은 꿀 훔쳐 먹고
끝내는 쫓겨나
서로 물어 죽인다

꽃의 마음

나를 찾기보다
있는 곳을 찾아주세요
찾은 나를 보기보다
내음 먼저 맡아주세요

몽우리가 되었거든
피어날 때를 기다리고
잎새 뒤에 숨었거든
바람 불 때를 기다려주세요

꺾었다 눈 떼지 말고
열흘 후 시들면
떨어진 꽃잎 모아
그 강물에 고이 띄워주세요

월세방의 행복

잠깐의 볕으로 하루를 맞이하는 삶
볕 지나간 시간만큼 시간도 빠른 것이겠지요
겨울이면 양지가 그립고
여름이면 바람이 아쉬운 월세
끼없는 물 한 바가지에 무더위 식히고
추운 겨울 아랫목에 몸 묻으니 따뜻해요

비교하지 않으니 있는 것으로 만족하고
눈높이를 낮추니 부족한 것이 없어요
알리지 않으니 오고 갈 것도 없고요
이웃 친척 누구나 처지에 놓이면 어쩔 수 없을 것인데
알리면 동정하고 보여주면 자랑하겠지요
작은 그릇에 담는 재미 넘치는 큰 그릇보다 나을 것 같아요

그 시절 여름밤

옛날로 가버린 시간들
이맘때 장마지면
냇가의 물 불어나
그렇게 좋아했고
피라미 불거지 잡아
철엽 했던 기억들

고무신 잃어
쫓겨났던 괴로움
며칠 후 물 맑아지면
굽어 흐르는 냇가의 밤은
여자들 목소리로 가득 찼고
바깥마당 멍석에는
감자 옥수수 참외 소쿠리가
우리를 기다렸지

댑싸리에 숨어
숨바꼭질 놀이하면
검둥개는 무엇이 그리 좋은지
댑싸리 사이로 이리 뛰고 저리 뛰고
베짱이 노래 소리에
모깃불 꺼져가면

우리들은 하늘의 별 세며
북두칠성에 꿈 모으고
은하수길 따라
반달 노래도 불렀었지

제3부

풍선

바람 담아놓고
바람에 시달리고
높이 오르니
방향도 없다
그러다 터져
담은 바람 토해내고
껍데기로 떨어져
오른 자리 못 찾는다

여름 꽃

너희 예쁨을 모르고
그냥 지나쳤기에
너희를 다시 찾는다
언덕배기 길가에 피었던
크고 작은 너희 꽃들
넝쿨이 괴롭혀도 예쁨을 자랑하던
지어낸 이름의 너희 꽃들

그때는 왜 그리 관심이 없었는지
이제 너희 꽃을 찾는 마음 미안하구나
먼 훗날이 된 오늘에서야
고향 그리움에 추억으로 피어나는 너희 꽃들
너희 꽃이 얼마나 예쁘고 소중한지
그늘진 마음에 다시 되돌아보게 되는구나
기억에 있어도 추억에 있어도 돌아보지 못한 너희 꽃들

노을의 꿈

잊을 수 없는

기억인가

남기고 간

그리움인가

그날은 아직

돌아오지 않는데

노을에 어린 모습

그날을 찾는다

도라지꽃 언덕

꽃은 기쁘고

즐겁고 웃을 때 보다

괴롭고 슬프고

외로울 때 보아야

그 꽃의 기억이

오랫동안 머문다

파도

다음이 없어도
휩쓸어 모은 날
물거품에 섞인 꿈은
누구의 추억인가
조개껍데기 묻히던 날

기억의 그날 마다
부딪쳐 부서지고
또 밀려와 부딪치고
남겨진 이 하얀 물거품이
그날의 모두였나

갈매기 울음에 하나둘
지워지는 기억들
다음이 있는 갈매기는
저 먼 곳 먼 곳을 향해
이 자리를 떠나는데……

할머니의 천둥

어디서 들려오는 천둥 번개 소리인가
맞바람 불어 부채 내려놓으니
한차례의 소나기 앞산을 뿌려댄다
일어나 피할 새 없는 몸
간신히 추슬러 뭉쳐 일어나니
이 늙은이 앉은 곳 피해 뿌리는 듯
여기에 몇 방울 후두두 떨어지며
어느새 비 몰고 앞산을 넘는다

이제 집으로 들어가야 하나
아니면 여기에 더 앉아 있어야 하나
멎지 않는 천둥소리에 무섭기도 하고
있는 죄 모두 털어 놓으니
매서운 시집살이인 것뿐인데
백발의 이 늙은이 나 데려가려는 것인지
아이들 찾아와 밥 먹으라 소리 없고
멀어지는 천둥소리 산을 넘는다

여름

뜨거워 여름인가
무더워 여름인가
울타리에 스친 바람
버러지 잠 깨우고
칭얼대던 마루 끝 아이
슬며시 잠이 든다

냇가의 아이들아
그만 들어오너라
들에 나간 에미야
너도 그만 호미 거두고
내시리 보리쌀 담가 놓고
보릿짚 쌓아 놓았다

여름 바다

찾아와 바라보면

아무도 없고

아쉬워 뒤돌아보니

발자국만 멀어진다

누구의 이름이라도

불러 보고 싶은 마음

추억도 없는 몸이

여기에 왜 왔나

모습 없는 그리움

그려보는 이 바닷가

노을에 꿈 묻으니

눈시울이 붉어진다

달

평생을 보았어도
희미한 기억의 달
서너 번의 기억은
지금도 뚜렷하다

구름에 가려져
올려 보며 찾았던 달
수수밭 지날 때
수수 잎에 숨었던 달

변함없이 찾아주는
외로울 때의 보름달
그 속의 계수나무
토끼 절구 집은 달

입추(立秋)

원두막에 들려오는
길고 짧은 매미 소리
윗마을 매미 소리
여름을 보내는 듯
아랫마을 매미 소리
가을을 부른다

풀잎에 맺힌 씨앗
가을을 준비하나
작은 바람에 휘어져
어찌 저리 흔들어 대는지
매미 소리 멎을 날은
저 멀리 있는데

아가의 여름

아가야
너의 불편함을 보는 엄마
가슴만 아프구나

배고파 칭얼대는지
아파서 칭얼대는지
젖을 물려도 칭얼대는 너

부채질로 바람 일러주고
모깃불 피워도
눈을 못 맞추는구나

안고 업고 흔들어주면
그렇게 좋아했던 너
씻겨 눕히면 옹알이로 못 박았던 너

무너진 모정(2013년 8월)

꽃은 피워 씨앗을 맺고
맺힌 씨앗은 다음 해에
같은 꽃을 피워
그런 씨앗을 맺는다
엄마의 범위가 있는 것일까
있다면 어디까지
엄마의 범위가 될까
경찰은 아홉 살배기 가슴에 못 박고
그 아이의 엄마에게도
못을 박아 주었다
아이의 신고에 무너진 모정
뺨 맞은 아이의 분풀이에 달려온 경찰
연행 되어가는 엄마의 모습을 보는 아이
무너진 모정의 책임은 누구일까

마지막 편지

모든 것이 물거품이라면
남은 하나는 무엇이었나요
우리 그날들은 어떻게 하고요
곱게 물들인 손 잡아주던 날
여매주었던 머리 헝클어져
강바람에 날리고 있어요

이 노을 지면 혼자 남겠지요
놀던 물새 날아가고요
당신 앞에 늘 아기가 되었던 나
저 물새 나를 때 한 번쯤
뒤돌아보고 날지 않을까요
너무 큰 바람일지는 몰라도요

작은 인연

당신 이름 불러도
옛날 같지 않아
그리움은 멀어져
눈 끝 저 멀리서
손짓하고 있고

가까이할 수 없었기에
날마다 그리움으로
달래었던 마음
이제 미련도 나를 버리나 봐
함께 따라온 그 날들도

작은 인생

돌아보면 실오라기같이
가늘고 짧은 시간들
몇 가닥을 이어야 바늘 앞에 서나
그 바늘로 무엇을 꿰매야 하고
웃음으로 울어야 했던 날들
울음으로 웃을 수는 없는 것인가
모두 모은 시간 앞에 조용히 스쳐 가는 지난 이 인생
지금 어느 곳을 향해 달리고 있단 말인가
늦으면 늦는다 채찍질하고
빠르면 빠르다 다리 끊어 가로막고
물 건너 올라서면 중천의 해 기울어
어둠으로 가려지는 인생
누구에게 묻지 못하고 가슴에 묻어야 할
알 수 없는 운명을 걸머지고
어디로 가라는 말인가
아침 해가 뜨면 무엇하고
저녁 해가 지면 무엇 하나
언제 걷힐 줄 모르는 구름에 가려진 인생
한낮 철 따라 피는 꽃도
아침이면 이슬을 털고 웃는데
어찌 이 인생은 웃을 일이 없단 말인가
며칠 기약된 것도 아닌 이제 남은 인생

어느 곳을 향해 내디뎌야 하고
무엇을 얻으며 가야 한단 말인가
인생 이 작은 인생……

동무의 가을

동무야
잊지 않았겠지
나 아직 기억하고 있어
우리 수수밭 지날 때
수수목 휘어 깜부기 따먹고
그 잎새 엮어 띠 두르며 놀았잖아

그리고
그 할아버지네 울 밑 지날 때
감나무 위 홍시 생각나
너의 돌팔매로 장독 깨뜨리고
우리 둘이 달아난 것 같은데
꾸러미의 메뚜기 잃어버린 줄 모르고

흙 다시 만져보자

68년 뒤를 보는

2013년 8월 15일

일본은 무엇을 하고

우리는 뭘 했나

나뉜 흙 못 섞고

나뉜 민족 원수의 나라

나뉜 민족 쌀독에

무엇이 들어있나

편지의 가을

친구야
가을이 오면 우리 밭
언덕배기 억새꽃
예쁘게 피어나겠지
콩 묶음 널려 있고
쓸어안으면 포근했던 억새꽃
그 느낌 아직도 모르겠어

나 그 일로 집을 나설 때
기차 안에서 얼마나 울었는지
눈물 안에는 너밖에 없었지
서너 나흘 되던 날 보낸 편지
받아 보았는지
편지에 주소가 없어서 못 썼어
너 또한 그리 알고 있으리라 믿었고

들녘에 궁굴레 통 소리 들리는 듯
줍던 벼 이삭 자루 나 아직 못 채웠어
보름달 안의 너는 다 채운 것 같은데
다른 친구들 잘 있겠지
여기에 서리는 왜 그리 많이 내리는지
한곳의 서리는 녹지 않아 더 하얗게 내리고

올려본 저 달을 지나는 기러기 떼는 어디로 가려나

처음 보낸 편지

몇 번을 찢었나
무엇을 담았나
찢긴 우표 못 믿어
한 장 더 붙여놓고

바른 침 잘 발랐나
궁금해야 했던 날
넣을까 말까
넣을까 말까

우체통 앞에서
얼마를 머뭇댔나
꽃봉투의 답장
아직도 기다린다

파도의 약속

뭉게구름에 집 지으며

파도에 꿈 싣던 날

못 지운 발자국

아직 남아 있겠지

모래 뭇에 모은 조개

우리를 기다리고

영원하자던 그 약속

그 자리 찾았는지

제4부

가을 양지

풀숲 풀벌레 노래
하늘 끝닿은 듯
흩어진 새털구름 어디로 가나
걷다 올려보면 그 자리에 있고
또 걷다 올려보면
서너 뼘 움직인 듯
기러기 한 마리
산을 넘는다

이 석양 그림자
노을이 거두려나
저 노을 지면 별이 쏟아지고
줍는 별 한 줌이면
밤벌레 귀뚜라미
이슬에 젖겠지
울음소리 멎으면
달빛 그림자 지워지고

수수밭 일기

수수 잎새 삭으락
바람에 비벼지던 날
밭둑 길 코스모스
한들거린다

짤다란 코스모스에
눈길이 더 끌렸음은
마음이 가난해서일까
뙤약볕을 견뎌낸
가엾음에서일까

겨우 자란 두서너 꽃잎
어찌나 가냘픈지
작은 꽃잎이라도
더 보고 싶다

지금도 피어나면
그 꽃을 찾고 싶다
찾을 수 있다면
그곳에 머물고 싶다

열일곱 살의 가을

수수밭 수수 잎
바람에 비벼지는 소리 들리는 듯
콩밭의 콩도 여물어 가겠지요
그 차가운 소리만큼이나
세월을 읽어주는 소리 못 들어보고요
달빛에 어리는 수수밭
구름 속의 달은 어디를 그렇게 부지런히 가는지
이슬 내려앉은 밤 기러기 떼 뒤따라가고요
휘어진 수수목이 달빛을 저을 때
귀뚜라미도 함께 따라 울었던 가을밤
그날이 인생을 처음으로 발견했던 날이 아닌가……

은혜

각자 사슬에서
제 몫을 다 하는 줄 모르고
흉으로 돌리는 사람들
흉으로 돌린 사람도
누구의 흉 안에 있는 줄 모르고
많고 높다 하여
적고 낮은 사람을
깔보는 사람들
처지에 놓일 수도 있고
그 처지에 놓이면
매한 마찬가지인데
그저 오만 거만 교만으로
가득 찬 사람들
그 사람이 하루 털어내고 버린 것을
누가 치워주는 줄 모르고
혼자만의 착각으로
죄를 짓는 사람들
평생을 이웃 모르고
사랑을 잃어버린 사람들

가을 하늘

여름 하늘 낮아
무더웠던 날
목화밭 목화송이
탐스러웠지

냇가의 동무들
그 송이 따 먹고
시집가는 줄 모르고
슬쩍하는 동무들

저 하늘 높으면
더 높이 펴 널어
지네 누나 시집갈 때
이불솜에 쓰일 건데

가을 개울

삐뚤은 징검다리
건너노라면
고기 떼 옹기종기
고인 물 가르고
휩쓸린 돌뿌뎀이
누가 씻어 놓은 듯
가을볕 석양에
하루가 저문다
저 물이 얼마나 될까
갇힌 줄 모르고
숨는 고기들
이 가을 깊어지면
더 줄어들 것인데

거짓 사랑

무뎌질수록 다듬질 못했다

비교에 좋이 마음이 되는 줄 몰랐다

높낮으지 세월을 막지 못했다

그리고 그리고 처음을 잃었다

가을 사랑

부르고 싶어 부른 이름

누구의 이름이 아니에요

언제인가 어렴풋이

기억에 있어 불러 보았어요

모습 잃은 기억의 이름

이제 부를 수 없는 건가요

다시 부르면 안되는 건가요

기억의 이름 다시 불러보고 싶어요

가을 달력

어떻게 쓰이고
무엇에 썼는지
봄인가 싶더니
어느새 초가을

부채질 몇 번에
올여름 보내고
달력의 글씨로
가을을 맞았다

서너 번 본 꽃은
제 씨앗 매달아
그다음을 위해
세월을 휘젓고

바람이 스쳐 간
뜨락의 잎새들
아쉬운 여름을
어데 가서 찾나

큰 욕심

나의 것은 나의 것

너의 것도 나의 것

앞으로도 나의 것

먼저 가도 나의 것

추억의 길

누가 볼까
마음 조였던 길
외길 돌아서면
참새 떼 날아가고
바라보이는 저 길은
어찌 짧았던지
딛는 걸음 줄여도
어느새 와 닿았지

그 길 만큼이나
짧은 세월이었나
기억 저 편 그 길에
코스모스 한들거리고
허수아비 흉보며
구름에 꿈 묻던 날
둘이는 처음으로
사랑을 고백했지

재혼의 일기

꽃잎이 지기 전 두 번째 사랑
만남의 사랑이기보다
마주한 사랑이다
채 아물지 않은 상처
아니 아물릴 수 없는 상처
두 번째 사랑이 아물려 줄 것인지

마르지 않는 꽃잎에 이슬은
바람이 불어도 떨어질 줄 모르고
이웃의 부채질에 마음만 얇아진다
굳힌 마음도 함께 무너질 것인가
어둠까지 파고드는 불안한 마음
두 번째 사랑 저울에 실린다

가을 구름

파란 하늘 높이
구름이 그린 그림들
보면 볼수록
신비롭고 아름답다

이쪽 올려보면
저 구름이 바뀌고
저쪽 올려보면
이 구름이 바뀌고
새털구름 더 높이
마음을 덮는다

누구의 그림이
더 아름다울까
석양에 노을 지면
나를 잃는다

가을 산

머루 넝쿨 찾아
산에 오르면
다래 넝쿨 어우러져
주렁주렁 열리고
가려놓은 싸리버섯
예쁘게 자라나
쐐기 쏘여도
아픈 줄 모른다

적막한 가을 산
개암 깨물며 오른 산
새콤한 머루 맛에
달콤한 다래 따고
괴춤의 싸리버섯은
저녁 찌개 끓인다
그 시절만큼이나
어려웠던 시절에…

삶의 굴레

나는 부족하니
입을 위해
일을 해야 했다

너는 넉넉하니
눈을 위해
즐겨야 했고

크고 작은
이웃 웃음
마음에 담으며

어떤 미련

35년 전쯤 흐려진 미련이
기억 속에 가물가물
한순간 스쳐 간다
나의 용기는 어디서 생겼나
비포장도로의 버스 안 일인데
그때만 해도 20살 총각인지라
아가씨만 보면 고개를 못 들었다

어느 봄날 앞 좌석 또래의 아가씨가
무엇을 잘못 먹었는지
과식에 체했는지
얼굴이 노래지며 복도로 얼굴을 내밀고
많은 양의 구토를 머리카락에 묻히며 쏟는 것이다
그 모습을 본 뒷좌석의 나
매달린 비닐봉지에 모두 쓸어 담고
주머니의 손수건으로 입까지 닦아 주었다
지금 그 모습 가물가물 잃어버리고
그 일만 다가와 살짝이 스쳐 간다

귀뚜라미

귀뚜라미 울음
주고받는 밤
이 가을밤은
더 깊어갔지
동산 위 뜬 달
밤나무에 걸치고

걸친 달 어느새
수수밭 지나면
뜨락 그림자
마루에 오르고
나는 설레임에
소쿠리를 찾았지

가을 앞에서

먹구름 산 넘고
내리던 비 잦았다
무더위 물러가
부채 내려놓고

단 한 번의 찬바람이
보내는 긴 여름
이제 서리 내리면
겨울 걱정하겠지

틈새에 끼인 가을
단풍 물들여놓고
하나둘 시드는 저 풀 잎새
내년의 봄은 약속되어있는지

가을 바다

파도가 휩쓰는

소라의 그리움

다녀간 이 있는지

발자국은 남았는지

갈매기 두리번

먼 백사장 바라본다

가을 뜨락

툇마루 한구석
볕 들어오니
뜨겁기도 하고
따갑기도 하다
음지로 앉으니
몸 식어 싸늘하고
돌 틈의 방초들
때를 알고 있는 듯
잎새마다 힘없이
물들어 늘어지고
담 넘어 높은 하늘 밑
수수목 흔들며
잎 비벼대는 소리
처량도 하다
남은 시간 모으려나
흩어진 구름 아래
지붕 넘는 몇 조각구름
파리 날갯짓 소리에
이 앉은 자리가
단몽이 된다

구름의 고향

봄날에 여름날
가을 그리고 겨울도 있었다
넘는 산 기슭 꽃도 보았고
건너는 강 건너
철새도 보았다

겨울날 하얀 세상
흰 봉우리 산 넘으면
눈꽃에 바람 불어
하얀 가루 날리고
지나는 들녘도
하얀 세상이었다

피는 꽃 지는 꽃
찾아온 철새
파란들 황금 들녘
메뚜기 잡는 아이들
무엇이 더 보일까
멀리 바라보았다

이 도서의 국립중앙도서관 출판예정도서목록(CIP)은 서지정보유통지원시스템
홈페이지(http://seoji.nl.go.kr)와 국가자료공동목록시스템(http://www.nl.go.kr/kolisnet)에서
이용하실 수 있습니다. (CIP제어번호 : CIP2017005725)

구름 따라 가는 길

초판 1쇄 발행 2017년 3월 27일

지은이 이원문 **펴낸이** 임정일
책임 임병천 **편집** 김지해, 김수경 **디자인** 이동헌

펴낸곳 책나무출판사
출판신고 2004년 4월 22일(제318-00034)

주소 서울시 영등포구 신길3동 325-70 3F
전화 02-338-1228 **팩스** 0505-866-8254
홈페이지 www.booktree.info

ISBN 978-89-6339-508-1 03810